跃龙门

法鉴清明

案鉴

鲤跃 编著

文刀荔 绘

黑龙江少年儿童出版社

图书在版编目（CIP）数据

法鉴清明：宋慈 / 鲤跃编著；文刀荔绘. -- 哈尔滨：黑龙江少年儿童出版社，2025. 2. --（跃龙门）.
ISBN 978-7-5319-8869-4

Ⅰ．K825.19-49

中国国家版本馆CIP数据核字第20242W8J74号

跃龙门　　法鉴清明 宋慈
YUE LONGMEN　　FA JIAN QINGMING SONG CI

鲤跃 编著　文刀荔 绘

出 版 人　薛方闻
项目统筹　李　昶
责任编辑　夏文竹
总 策 划　宋玉山　黎　雨
创意策划　王子昂　王智鹏
文字统筹　王正义
插画团队　阿　助　文刀荔　张　文　乖小兽
美术统筹　AyaBird
排版设计　杨晓康
书法创作　王正义
出　　品　鲤跃文化
出　　版　黑龙江少年儿童出版社
地　　址　哈尔滨市南岗区宣庆小区 8 号楼
邮　　编　150090
电　　话　0451-82314647
网　　址　www.lsbook.com.cn
印　　装　三河市少明印务有限公司
发　　行　全国新华书店
开　　本　787 mm×1092 mm　1/16
印　　张　4.75
字　　数　119 千
版　　次　2025 年 2 月第 1 版
印　　次　2025 年 2 月第 1 次印刷
书　　号　ISBN 978-7-5319-8869-4
定　　价　48.00 元

序言

　　昔有小鲤名锦，志在龙门，欲化龙飞。云之巅，有祖龙名瑞，守中华千载时光之河，刻风流人物于河畔峭壁之上，以龙鳞点睛，时光不尽，传承不息。然华夏大地英杰辈出，鳞尽而史未绝。锦鲤受命，寻史访古，以续龙鳞，瑞龙则守壁期盼，待故事归来。

　　今有绘本《跃龙门》四十八卷，随锦鲤之行，绘先人之姿。卷卷所载，或千古文风，或百技之长，或武卫疆土，或谋定安邦，皆以锦鲤之察，耀历史之辉。然长空瀚海，云谲波诡；斯人往事，众说纷纭。虽有莫衷一是，绝无异想天开。愿以此书，引诸位小友逆流而上，同游史海，领略古人风采，铭记历史之重，终随锦鲤，一跃成龙！

——鲤跃

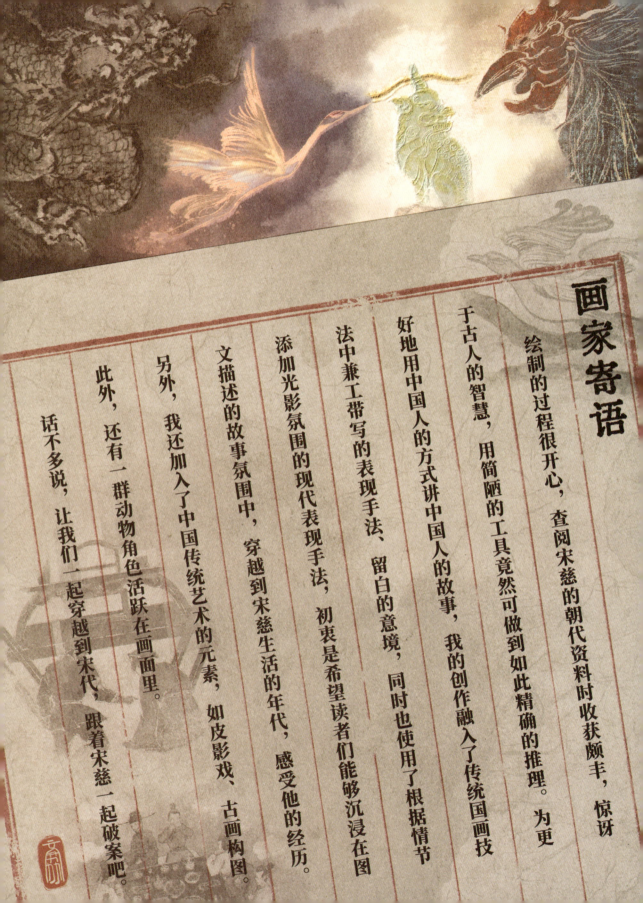

画家寄语

绘制的过程很开心，查阅宋慈的朝代资料时收获颇丰，惊讶于古人的智慧，用简陋的工具竟然可做到如此精确的推理。为更好地用中国人的方式讲中国人的故事，我的创作融入了传统国画技法中兼工带写的表现手法、留白的意境，同时也使用了根据情节添加光影氛围的现代表现手法，初衷是希望读者们能够沉浸在图文描述的故事氛围中，穿越到宋慈生活的年代，感受他的经历。

另外，我还加入了中国传统艺术的元素，如皮影戏、古画构图。

此外，还有一群动物角色活跃在画面里。

话不多说，让我们一起穿越到宋代，跟着宋慈一起破案吧。

目录

凶手就是你！

世界上最早的法医是一个未载入史书之人，现代人哪怕翻遍《宋史》也找不到关于他的只言片语，如果不是其子邀请他的好友写下了《宋经略墓志铭》，可能他的生平就成了一个谜。

　　这个人就是世界法医学的先驱，撰写过世界上第一本法医学著作、被誉为"世界法医学鼻祖"的南宋著名法医学家——宋慈。

1

才华横溢的小透明

　　南宋孝宗淳熙十三年（公元 1186 年），宋慈出生在福建路（"路"是宋、金、元时期的地方区划名）建宁府建阳县童游里一户富裕人家。他的祖上是大唐名相宋璟，高祖宋世卿是建阳县丞，祖辈宋咸、宋翔也都是建阳响当当的俊杰人物，父亲宋巩曾任广州节度推官（节度使幕府掌管刑狱的官员）。

　　刘克庄在宋慈的墓志中所写"唐文贞公传四世由邢迁睦，又三世，孙世卿丞建阳"，是说宋璟传了四代，后人从河北的邢台迁到了浙江的睦州，又传了三代，宋家的孙辈宋世卿到建阳当县丞。

　　《建阳县志》记载说"咸（宋咸）五世孙翔，翔（宋翔）四世孙巩"，宋翔之后，历四代，到了宋巩，宋巩的儿子便是宋慈。

在父亲的教育下，宋慈从小就饱读诗书，他十岁时被建阳学者、理学家朱熹的弟子吴稚看中并收为弟子。宋慈学习很用功，所看课外书都是黄榦、蔡渊、蔡沈、李方子等人的理学论著。

虽然在外人看来，宋慈是一个活脱脱的考亭学派的苗子，但没有人知道宋慈心中其实有着浓厚的唯物主义色彩，这致使他走向了一个完全不同的未来。

南宋宁宗开禧元年（公元 1205 年），宋慈因为成绩优秀被临安太学录取，当时的太学博士真德秀对宋慈非常赏识。真德秀称宋慈写的文章"源流出肺腑"，用现在的话说就是"充满了真情实感，感人肺腑"，于是宋慈拜真德秀为老师，跟他学习学问。

宋慈在真德秀的教导下于南宋宁宗嘉定十年（公元 1217 年）考取了乙科进士第三名。

　　宋慈考中进士后，朝廷任命他为浙江鄞县（今浙江宁波鄞州区）县尉（相当于今天的县公安局局长），可就在宋慈即将走马上任的时候，他的父亲因病去世。宋慈怀着悲痛的心情拒绝了任命，回家乡为父亲丁忧。让人没想到的是，明明按照规定两年多的丁忧，宋慈却足足守了十年。

　　当然，宋慈丁忧十年并不是因为别人想针对他，毕竟他在朝中只是个小人物，多他一个不多，少他一个不少。

南宋理宗宝庆二年（公元 1226 年），理宗将打算封朱熹为信国公的事昭告天下。为了让朱熹站住脚，理宗大规模启用朱熹的门人，而作为吴稚和真德秀双料弟子的宋慈，可谓"根正苗红"。

就这样，被遗忘了十年的宋慈开始受到重视，而此时宋慈已经四十一岁了。这一年，他被任命为赣南信丰县的主簿。接到任命的宋慈想到十年蹉跎岁月，于是对妻子余氏说："我这十年没什么成就，幸运的是培养了三个儿子。"

大器晚成的中年人 2

　　步入仕途，宋慈的劣势是年龄大、任职晚、起点低，再加上信丰穷乡僻壤，恰似流放之地。但宋慈对此不以为意，他坚信"是金子到哪里都会发光的"。果不其然，还没等他抵达信丰县，就得到江西安抚使郑性之的赏识，请他当军事参谋。

　　宋慈的好友刘克庄听说这件事后，替宋慈感到高兴，当即提笔为他写了一首《满江红·送宋惠父入江西幕》，庆祝他守得云开见月明。

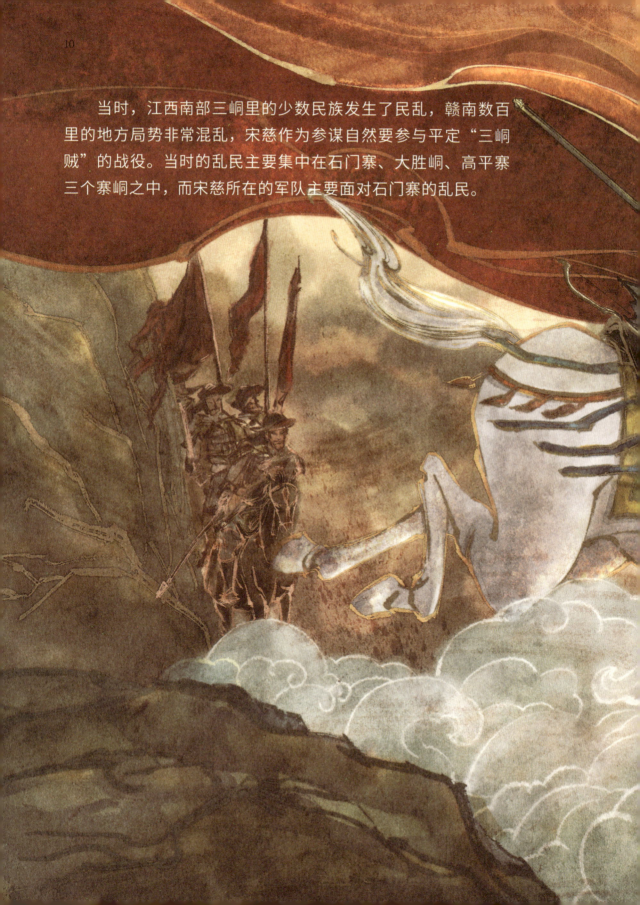

当时，江西南部三峒里的少数民族发生了民乱，赣南数百里的地方局势非常混乱，宋慈作为参谋自然要参与平定"三峒贼"的战役。当时的乱民主要集中在石门寨、大胜峒、高平寨三个寨峒之中，而宋慈所在的军队主要面对石门寨的乱民。

　　宋慈先是发放赈米，赈济石门寨附近的尧扶、李洞、白井等饥馑严重的六座堡寨，防止民乱进一步扩大。然后，他率兵三百兵分两路，走涧道开山路，以迅雷不及掩耳之势直逼石门寨。贼人不曾提防，宋慈一举破寨，擒拿石门寨寇首，一战成名。

　　等宋慈在信丰任期届满，又被江西提点刑狱使叶宰聘为幕僚。但叶宰并不是个好上司，他聘请宋慈作为幕僚并非全因看中其才学，更多的是看中宋慈的名气。他对宋慈提出的很多建议并不上心，说宋慈"书生意气"，两人相处很不愉快。

仕途不顺的宋慈收到了
妻子余氏寄来的家书，只见
上面用娟秀的字迹写道：

　天天想见不可见，

　铺纸落墨情自现。

　思念思念真思念。

　看到妻子的家书，宋慈
满腹的郁结当即烟消云散。
他提笔书写回信，信尾写道：

　一日不见天天念，

　唯盼相守日日见。

　　就在宋慈以为自己的仕途又要结束之际，转机来了。宋慈的恩师真德秀将宋慈推荐给了福建路招捕使陈韡（wěi）。陈韡十分重视宋慈，当即带他参加了平定闽中叛乱的战事。

　　重新找到方向的宋慈自然要努力表现自己，没过多久就上演了一出"提孤军从竹洲进，且行且战三百余里"的好戏。宋慈的勇敢果断、有勇有谋让久经锋镝的主帅对他刮目相看，称赞他"忠勇过武将矣"，至此，宋慈以自己的表现彻底征服了陈韡，成为他的首席幕僚。

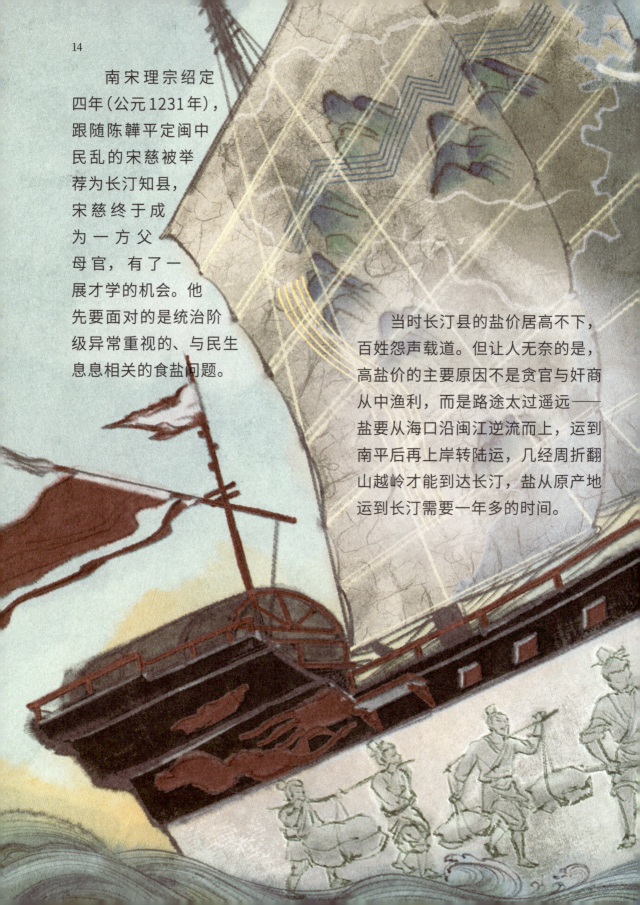

南宋理宗绍定四年（公元1231年），跟随陈韡平定闽中民乱的宋慈被举荐为长汀知县，宋慈终于成为一方父母官，有了一展才学的机会。他先要面对的是统治阶级异常重视的、与民生息息相关的食盐问题。

当时长汀县的盐价居高不下，百姓怨声载道。但让人无奈的是，高盐价的主要原因不是贪官与奸商从中渔利，而是路途太过遥远——盐要从海口沿闽江逆流而上，运到南平后再上岸转陆运，几经周折翻山越岭才能到达长汀，盐从原产地运到长汀需要一年多的时间。

　　了解到长汀的困境后，宋慈当即让县丞请来了熟悉县里情况的户长、里正、乡贤、老农、渔户、书生、猎户、盐子（贩卖私盐的人）等人，还让主簿统计了汀州和长汀县的户口、食盐量。

　　经过商议，宋慈在充分听取长汀各行各业代表和官员的建议后，敲定了一个改善长汀盐况的办法：将闽盐改为潮盐，这样往返时间仅需三个月，此举能降低盐价，对国家和私人都便利。

　　朝廷批准后，宋慈带领长汀县百姓将韩江和汀江的水路打通，清理了险滩暗礁，成功地将原本需要一年多的运盐时间缩短至三个月，大大减少了运费。这一举措促使长汀的盐价大幅降低，百姓无不讴歌宋慈。宋慈一度成为远近闻名的好官。

　　宋慈将长汀治理得风生水起。不过也许连他自己都不知道，治理一座县城只展现了他能力的一小部分。他真正的才能随着时间的推移，正在逐步显现。

初露锋芒的宋县令

3

宋慈的父亲宋巩曾是广州节度使幕府
掌管刑狱的官员，父亲经常会把一些办案
时的遭遇以及验尸时的细节当作趣闻分
享给他。在这种氛围的熏陶下，宋
慈自幼就对各种离奇的案件很
有兴趣。之前他没有机会发
挥自己在这方面的才
能，而长汀知县任
上给了他这
个机会。

宋慈刚到长汀时，前任知县留下了一桩新婚之夜杀人命案：长汀城外五里坪有位新郎，洞房之夜吃了新娘端来的婶娘煮的面条后中毒身亡，前任知县审理时动用大刑，新娘被迫招供。

宋慈认为办案不能轻易动用大刑，严刑拷打之下必然会出现冤假错案，所以此案可能存在错漏，便打算重审此案。

宋慈让人调来卷宗查看，卷宗上记载如下：新婚之夜，新郎牛二因在外面应酬太久，刚入洞房便说饥饿难耐，婶娘听说后煮面条送到洞房门口，新娘端进房间。不多时，牛二便出现头晕、眼花、恶心症状，随后腹痛且呼吸不畅，最后口唇及全身黑中透红，呼吸衰竭而亡。

牛二幼年丧母，由婶娘一手带大，婶娘自然不会下毒手，因此新娘成了第一嫌疑人。

　　第二天，宋慈叫来县尉和县衙仵作，决定给牛二开棺验尸，但县尉与仵作都显出一副为难的样子。经宋慈反复询问，仵作才为难地表示：长汀县气候潮湿，毒虫毒瘴遍布。牛二下葬一年有余，尸首必然腐败不堪，县尉和仵作都不想沾染如此污秽之物。

　　宋慈听到二人的解释后怒不可遏地说："尸体该验的不验、领命后两个时辰不出发、不亲临现场验视、无法确定致死的原因、定原因不当，都要问责。验尸体时远远看着而不到跟前，捂着鼻子露出轻蔑、轻视的表情，都是失职。"

　　县尉和仵作见宋慈如此愤怒，只能硬着头皮跟着去墓地。

随着棺材盖被掀开，一阵让人难以忍受的腥臭味扑面而来。县尉和仵作被熏得连连后退，但宋慈毫不退缩，上前验尸。

虽然尸体埋葬已过一年，但银钗探入尸体喉部时仍旧显示出青黑色。宋慈剔出新郎骸骨，只见骨色浅黑，由此可见毒性之烈。

回府途中，宋慈结合父亲当年教授的知识以及书中所列常识进行排除：如植物中毒，一般情况下口唇开裂或腹胀；如中砒霜毒，则会全身起疱……

就在宋慈百思难解时，县尉一席话改变了他的思路："大人，在下刚才联想起一件事，可能有助于破此案——牛二出意外的那天晚上，他家门口小鱼塘中的鱼一夜之间全部翻白，前任县令曾猜测这件事与本案有关，但苦于没有直接证据而作罢。"

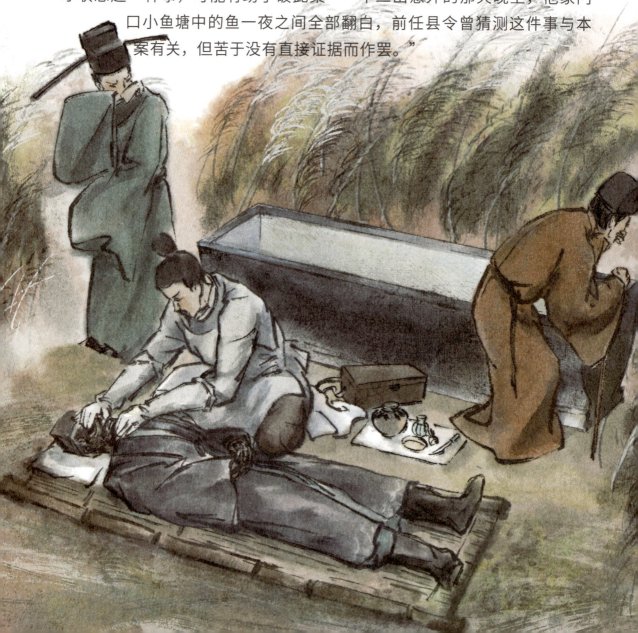

宋慈听完县尉的话后，当即带众人前往鱼塘，排干水后，找到一个可疑的瓷瓶。有人说好像在捕蛇人洪老四家里见过这种瓶子。

　　宋慈听到"蛇"这个关键词后，突然想到了白节蛇。这种蛇的毒液呈白色、黏稠、有腥味。中了这种蛇毒后人会四肢乏力、口不能言、身体发绀。

　　宋慈想到此处，当即下令逮捕洪老四，在其家中搜出数个同款式的瓷瓶。虽然洪老四百般抵赖，但宋慈将白节蛇的毒性一一道出后，洪老四只得低头认罪。

　　至此案情大白：洪老四是个老光棍，心性歹毒，他见比自己条件差的邻居牛二娶妻，杀心顿起，于是利用蛇毒配制了一种毒药，在给牛二敬酒时下了毒。

　　真凶伏法，被诬陷的新娘无罪释放，整个县城都因为这桩冤案的告破而拍手称快，立首功的宋慈却陷入了深深的忧虑之中。

　　在整个审案的过程中，县尉和仵作面对死者尸体时的畏缩和厌恶、前任知县对案件应付了事的态度都让宋慈感到极为不满。窥一斑而知全豹，前任知县以及县尉、仵作的表现绝不是长汀县特有的，而是代表着整个时代对死者和案件真实的态度。宋慈希望改变这一切，但他明白自己人微言轻，要想改变这些不能急于一时，而是需要长久的潜移默化。打铁还需自身硬，宋慈决定先从提升自己开始。

　　从那时起，宋慈开始大量阅读关于尸检、医学的书籍，日子在宋慈的苦读中平静度过，直到一件轰动长汀县的大事发生。

　　有一天，宋慈刚起床洗漱完毕，县衙里当值的捕快便匆匆跑来禀报，说县里有名的张屠户死在街巷的一角。他被发现时没穿外套，内衣半脱，胸腹暴露在外，鞋子被扔到离尸体不远处的墙根。诡异的是，张屠户虽然身体已经僵硬，但脸上却带着温和亲切的笑容。张屠户平时如凶神恶煞一般，刻薄狠辣，街坊邻居对他的所作所为敢怒不敢言，谁料到他竟然半裸丧命于街头，而且脸上还带着笑，这前后反差让人百思不得其解。

　　当时的人很迷信，张屠户那诡异的死状仅仅一个早上就传遍了整个长汀县。有人说张屠户顿悟成佛了，有人说厉鬼出世要在长汀索命，还有人说张屠户被下了蛊。众说纷纭，一时间整个长汀县闹得沸沸扬扬。

宋慈急忙带着捕快、仵作赶到发现张屠户尸体的街角，捕快不等宋慈开口便先行驱散了围观的百姓。宋慈快步走近尸体，仵作也不敢怠慢，上前细细验看：尸身上酒气浓郁，虽已死去多时还没散干净，四肢均可见红斑，口内有涎沫。

宋慈与众人将尸体抬到通透光明的地方，命人在地上挖掘了一个深三尺的大坑，在坑底点燃木柴，等火烧得通红时以醋浇灭，趁着坑内热气腾腾之际将坑底垫好，抬入尸体，盖好衣被后用热醋浇尸，然后在离坑两三尺的地方烧火进行烘烤。

宋慈就近观察，见尸体回温后口内流出涎沫，用手抹擦不黏手。尸体的两腮加热后开始泛红，像芙蓉色。待尸体柔软后，宋慈让人抬出仔细检验，无血瘀、无钝器伤、无针刺痕、无中毒迹象。

看到验尸的结果，再结合看过的书籍，宋慈心里有了底。他叫人将周围的百姓招呼过来，他则站在街边店铺的石阶上，开口说道："大家不要轻信鬼神巫蛊之说，张屠户是醉酒睡在街边冻死的。"然后不等百姓开口质疑，便将冻死的人具备的明显特征说给大家听。

一是物极必反，冻极反而变暖，身体发热发痒，死者临死前会脱鞋及衣裤；二是受冻者临死前面部麻木不受控制，经常会带"笑面"；三是温度回升后，尸体脸蛋泛红，口内所积的涎沫会流出，而且不黏手；四是皮肤裸露处有红斑。张屠户的尸身完全符合这几个特征，再结合张屠户尸身上浓郁的酒气以及日渐寒冷的天气，宋慈判断张屠户是醉酒后冻死的。说完这些，宋慈还补充了对于将要冻死的人进行抢救的小知识，百姓见宋慈说得有理有据，都十分信服，一件足以令县城陷于舆论动荡的事件就这样消弭在无形中。

　　宋慈对伤痕也颇有研究。传说一天，有位独居老汉发现有人趁夜色入室行窃，便起身与小偷扭打在一起。小偷见事情败露，于是拔出匕首向老汉刺去。可他没想到老汉身手不凡，两下就把他打倒在地，还将匕首抢了过去。

　　天亮后，老汉揪着小偷去县衙。小偷见逃跑无望，于是趁老汉不注意将匕首抢了过去，在自己右胳膊上拉出一道伤口。

　　到了县衙，老汉状告小偷入室盗窃，被他抓住后自伤右臂；小偷却反告老者持械伤人，自己右胳膊上的刀伤便是老汉拉的，两人各执一词。

　　宋慈走近看了看小偷的伤口，便回到座位对小偷说："你还没吃早饭吧，走，我请你吃饭。"说完便带着小偷到后堂去吃饭。当小偷拿起筷子夹菜时，宋慈突然哈哈大笑起来。

　　小偷蒙了，开口询问："有什么问题吗？"宋慈不慌不忙地说："你左手拿筷子，证明你右臂上的伤是你自己拉的。如实招来吧。"小偷不服，辩解道："虽然我是左撇子，那也不能证明伤是我自己拉的呀。"宋慈说："你的伤口自己会说话，刀入肉内，先入的那头深，划到后面刀口变浅。如果是被外人砍伤，刀口里深外浅；如果是自残，刀口里浅外深。你的伤口里浅外深，显然是你自己拉的。"小偷听完，无话可说，只好低头认罪。

4

百转千回的青云路

南宋理宗端平二年（公元 1235 年）五月，宋慈的恩师真德秀因病去世。直到六月，宋慈才收到消息，悲伤的他与好友刘克庄约好一同前往祭拜。

此前一年，蒙古以南宋军入洛阳毁了双方的盟约为借口，调集军队，发动了大规模的战争。此时战事正紧，前线需要有为之士，于是同知枢密使魏了翁聘宋慈为幕僚。

魏了翁选宋慈当幕僚，不仅因为宋慈之前在平叛中有所建树，还因为真德秀去世前一直向枢密院举荐宋慈，让宋慈在枢密院刷足了存在感。

宋慈卸任长汀知县，带着妻子余氏、小儿子宋秉孙和出生不久的女儿一同返回建阳。而他的大儿子宋国宝、二儿子宋国子都过了发解试（宋代科举考试中的初级考试），但会试落第，只得继续留在长汀随老师读书。

宋慈的发妻余氏当时已四十多岁，正怀着第五个孩子。即使在现代余氏也属于非常危险的高龄产妇，更何况在医疗条件落后的古代。

还没有从老师去世的打击中恢复过来的宋慈看到身怀六甲的余氏，有了放弃奔赴前线陪在妻儿身边的想法。后在余氏的鼓励下，他还是舍小家，顾大家，经过邵武，从杉关入赣。

　　宋慈在魏了翁组建的督视府等了将近两个月，才见到急匆匆赶来的魏了翁以及其他几位同僚，比如枢密都承旨、督府参谋官吴潜和督府参议官马光祖等。

　　魏了翁离开京城前，理宗给了他"便宜行事"的权利，不必请示即可自行裁断军事防务。而且他带来了庞大的随军支用经费。

　　魏了翁有钱、有实力、有团队，宋慈等人在他的带领下整顿军纪、收拢军心、整肃无为的将领、激励有为的官兵、祭奠捐躯的将士，一切都向着好的方向发展。

　　在万事俱备的节骨眼上，魏了翁被朝廷召回。

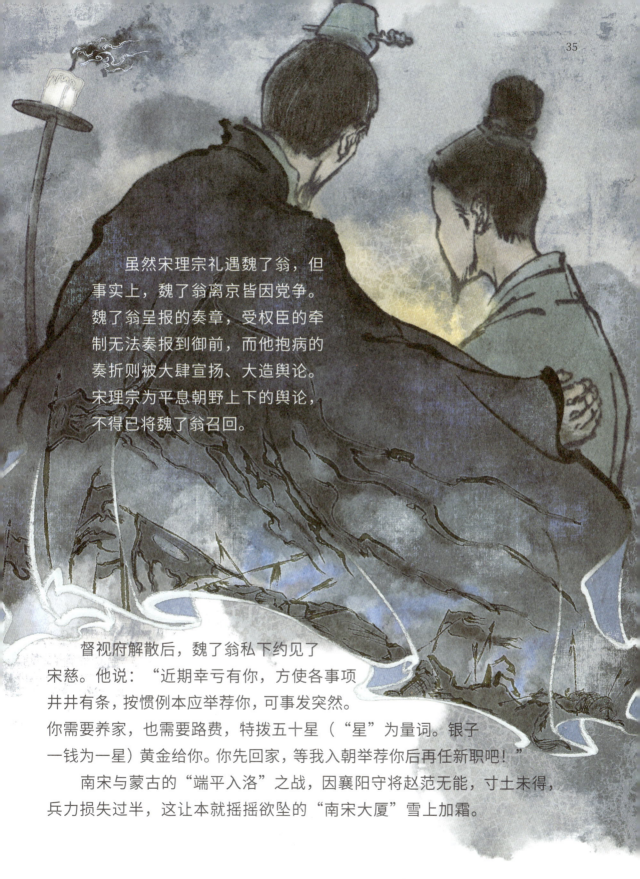

　　虽然宋理宗礼遇魏了翁，但
事实上，魏了翁离京皆因党争。
魏了翁呈报的奏章，受权臣的牵
制无法奏报到御前，而他抱病的
奏折则被大肆宣扬、大造舆论。
宋理宗为平息朝野上下的舆论，
不得已将魏了翁召回。

　　督视府解散后，魏了翁私下约见了
宋慈。他说："近期幸亏有你，方使各事项
井井有条，按惯例本应举荐你，可事发突然。
你需要养家，也需要路费，特拨五十星（"星"为量词。银子
一钱为一星）黄金给你。你先回家，等我入朝举荐你后再任新职吧！"
　　南宋与蒙古的"端平入洛"之战，因襄阳守将赵范无能，寸土未得，
兵力损失过半，这让本就摇摇欲坠的"南宋大厦"雪上加霜。

宋慈归家途中，收到蔡渊先生去世的消息，曾看过不少蔡渊著作的宋慈心中很是伤感，提笔为蔡渊写下赞词：

天挺英才，识达广博，克绍厥先，洞明圣学。

道深先天，学开后觉，不干利禄，韬光林壑。

盛德日新，荣庸天爵，教育贤才，君子三乐。

写下蔡渊赞词的第二天，宋慈迎来了一个更大的打击——发妻余氏在生下小女儿后大出血而亡，而余氏去世的日期正是督视府解散的日子。

朝堂中让人厌恶的权力斗争不仅让军事成了儿戏，也让宋慈抛家舍业的付出成了笑话，接二连三的打击让宋慈有了心灰意冷的感觉。

南宋理宗嘉熙元年（公元 1237 年），在魏了翁的举荐下，宋慈被派到邵武军（"军"是宋代行政区域名，隶属于路。邵武军属于福建路，治所设在邵武县）担任通判。当初宋慈参与平叛时曾在邵武与叛军交手过数次，与他关系不错的一位胡姓将军为保护平民而殉国，其所保护的百姓中有宋代著名诗人严羽。虽然宋慈在邵武仅做了一年通判，但当地百姓无不称颂。值得一提的是，宋慈的小儿子宋秉孙二十多年后也曾到邵武军任职。

38

　　南宋理宗嘉熙二年（公元1238年）宋慈调任南剑州（今福建南平及顺昌、沙县、尤溪等市县）通判。浙西饥荒，他奉诏赈灾，见民众哀鸿遍野，豪门花天酒地，于是实行"济粜（tiào）法"：最富有的人户需要拿出存粮的一半救济灾民，另一半平价出售；较富的人户需将存粮以平价出售，不必承担救济责任；中等的人户既不提供救济也不出售存粮；次贫困的人户需要接受一半的救济，另一半通过购买获得；最贫困的人户完全接受官府的救济。于是，社会迅速稳定下来。

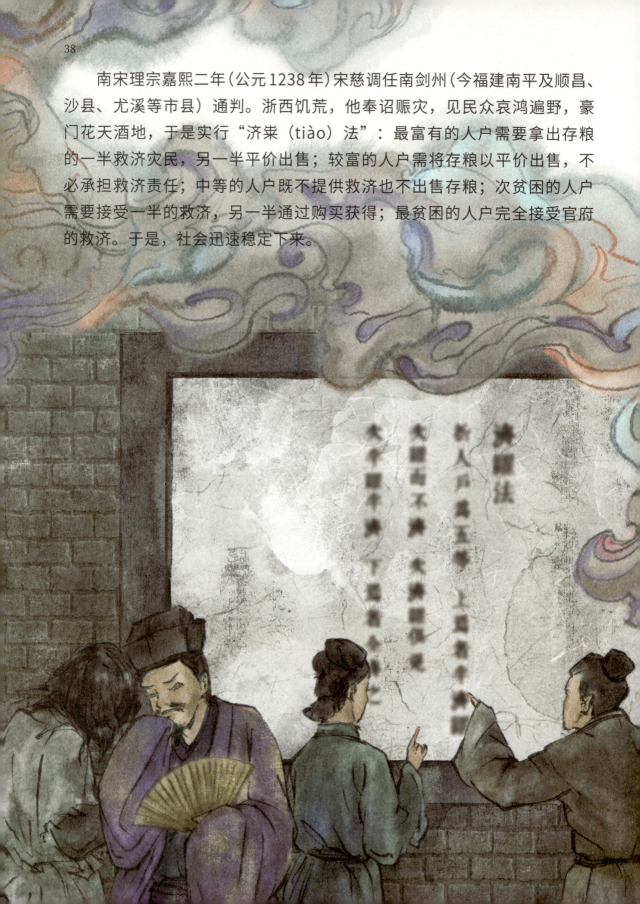

　　南宋理宗嘉熙三年（公元 1239 年），因为浙西赈灾立了大功，宋慈升任司农丞、知赣州。相比于邵武和剑州，虽然宋慈曾在赣州与叛军交过手，但并没有留下太深的记忆。

　　刚刚经过战乱，在废墟中重建的赣州军民上下一心，发展势头良好，又逢风调雨顺。因此宋慈在研读各种书籍的过程中慢慢度过了波澜不惊的一年。

　　南宋理宗嘉熙四年（公元1240年），宋慈调任为广东提点刑狱。广东提刑司设在韶州，提刑司具体的办公地点在韶州的曲江县。提点刑狱公事主要掌管所辖地区的司法、刑狱及监察。当年宋慈的先祖宋贯之（宋咸）曾任韶州知州，如今宋慈也到了韶州任职。

　　到任后的宋慈发现广东刑狱的官员大多玩忽职守、履职不清，监狱中有不少超期拘押的案犯，很多违法之人逍遥法外，很多衙门小吏知法犯法。

　　广东刑狱的糜烂状况让宋慈大为愤怒，他将所属大小官员紧急召集起来，打算整治不良风气。

　　看部属们到齐后，宋慈劈头盖脸地质问他们："韶州在隋初便是广东的治所，是咽喉要道，为什么出现吏刁无法管束的局面？"

　　下属见宋慈发怒，忙不迭地开口为自己开脱："大人，吏刁的根源是民刁。韶州是贯通中原和岭南的商贸要道；而从韶州往南，可直抵广州、惠州；因为地形险峻，所以历来是兵家必争之地。"

另有官员补充道:"各地的商人聚集在此处,每天高达千人以上。繁华时,大矿场每年收购铜银需要十万挑夫;惠州的阜民钱监(即铸钱局)每年铸钱可达一百五十万贯,在全国所有的钱监中规模最大。因为本地各色人等庞杂,所以人心不古。"

等部属们说完理由后,宋慈表情严肃地说:"即使军、商、民人数再多,甚至鱼龙混杂,都不是积案众多的理由。所谓的民刁,所谓的人心不古,哪怕有,也并非不作为的借口!"

　　开过会后，宋慈开始大刀阔斧地整顿官场，被他当作"杀鸡儆猴"的那只"鸡"的，是曲江县的县尉。

　　宋慈仔细查探发现，这个县尉联合商人，通过放高利贷等方式攫取了大量财富，很多小商贩因为他的恶行而倾家荡产、卖儿卖女。比如他让妻子的远房表弟诬告一家富户欠债不还，为此罗织了一堆罪名，将富户关进县衙大牢，而后他霸占了富户家的诸多产业。

　　在宋慈到任的前一天，这个县尉刚刚将一名无辜的良家女子拷打致死。

　　刚正不阿的宋慈二话不说，直接下令将县尉捉拿归案，并将相关人员全部抓获。

　　宋慈的雷霆手段吓住了整个广东刑狱的官员和差役，风气为之一清。宋慈制订办案规约，责令所属官员限期执行，八个月的时间，处理了积压的两百多起案件。

在整顿官场的同时，宋慈对各种知识在办案中的应用也愈发娴熟。世界上第一起将昆虫习性运用在案件中的纪录便是宋慈创造的，这就是赫赫有名的"晒镰案"。

有一天，宋慈外出巡视，在路旁发现一具商贩打扮的死尸，近前一看，明显刚死不久。起初，宋慈怀疑这个人是被强盗图财害命杀死的，但等检查完死者全身，他发现死者的财物、货物全在，且没有翻找的痕迹。尸体上有十多处深浅不一的伤口，根据伤口，宋慈判断凶器是镰刀。并且从伤口来看，明显不是打家劫舍的老手所为，更像是泄愤。

宋慈询问路人得知，死者生前是附近小有名气的货郎，平日与人为善，没听说和什么人有仇怨，贩卖货物时童叟无欺。

世界首起昆虫破案

宋慈将收集到的信息思索了一番后，差人通知附近村民将所有镰刀尽数拿到衙门，如有隐藏，将追究严办！不一会儿，送到镰刀七八十柄。宋慈将所有镰刀放在太阳下一字排开后静静观察。不多时，他指着其中一把镰刀问谁是主人，有一人当场承认。

宋慈当即命人将其逮捕，那人自然百般抵赖。宋慈指着镰刀说："你杀人留下的血腥气仍在，在太阳下微微一晒，气味飞散，吸引苍蝇聚集在镰刀上。铁证如山，你能隐瞒得了吗？"听他说完，这个人不得不承认了罪行。原来，他的妻子与货郎有不正当关系，所以他愤而杀人。

　　宋慈在广东刑狱干了不到两年，韶州的犯罪率便降低了一大截。朝廷一看宋慈如此优秀，便将他移任江西，继续提点刑狱，为赣州百姓做主。

　　才入赣州境，宋慈就发现这里与汀州有着一样的问题——盐价高，且处理起来更为棘手。

　　长汀县盐价高是因为运输不便，疏通河道便可解决，而赣南盐价高则不仅是运输问题，更多的原因在于囤盐贩盐。前面说过，那时贩卖私盐的人称为盐子。赣州的盐子拥有大量的兵器，从越闽至粤，持械劫掠，骚扰乡民，虽然没造成大乱，但杀人越货现象越来越多，已成为赣州最大的问题。

为了解决盐子作乱的问题，宋慈召集赣州官员议事，希望群策群力想出妥善的办法，解决当前的困境。赣南官员都听说过宋慈在韶州的手段，知道他很有才干，所以都没有顾忌地畅所欲言。

有部属提出，赣州可以参照当年长汀县的做法，将淮南盐改为广南盐，赣州与广东仅隔一座大庾岭，从广东运送食盐到赣州用时较短，可以大幅降低盐价。但这个提议被他人否决了，否决者表示，历史上赣州曾两次改淮盐为广盐，但都没持续多久。

因为赣州不像长汀县那样地小人少，从哪里进盐不仅是赣州的问题，更涉及淮南和广南两个盐场背后的官员利益和稳定问题。如果赣州改用广盐，淮盐的收入就会减少。所以在涉及深层次背景的情况下，几乎不可能改变盐路。

赣州的食盐问题让宋慈想到了当初魏了翁所建的督视府因党争而黯然解散之事。

　　赣州通判提出，赣州的盐多以"买扑"（宋元时期的一种包税制度，由官府核计应征数额，招商承包。包商缴保证金于官，取得征税之权。此后，由承包商自行申报税额，以出价最高者取得包税权）的方式贩卖，不如改成专卖，禁绝民间的私盐，从而伤及盐子的根本，盐子团伙自然也就会解散。但赣南位置偏远，财力不足、物资匮乏，交通往来不便，将"买扑"改为专营，需要在食盐的运送、配额、销售等方面投入大量的人力物力财力，这是赣州难以承受的。所以这个建议很快也被否决了。

　　既然从外部无法解决盐的问题，宋慈只能试着从内部想办法。盐子之乱有愈演愈烈的趋势，赣州百姓已经折腾不起了，所以宋慈决定采用过去的保甲制度，以强硬手段终结盐子之乱。

专卖

买扑

官府专营
禁绝民间自由贸易

类似竞标
官府牵头 民间商人投标

　　依据宋慈制定的新规，数户为保，数十户为大保，百户以上为都保，分别设不同的管理者；如果同保内窝藏不法之徒，邻居必须告官；保内各家允许持有兵器，并安排巡回警戒，如遇匪徒时应当鸣鼓，遇到身份不明的人出入，均有权讯问扣押……保内的事同赏同罚。

　　虽然保甲制度遭到激烈反对，近乎"连坐"的制度遭到了不少人非议，在一定程度上影响了宋慈的仕途，但赣州确实在短时间内安定了下来。

52

　　南宋理宗淳祐五年（公元 1245 年），政绩突出的宋慈改任常州知州。抵达常州后，宋慈感到了一种深深的无力感——他发现常州的官场在刑狱方面与长汀、韶州等地没有任何区别。宋慈明白，虽然他每到一地可以暂时整治当地的风气，但只要他一走，当地风气肯定又会恢复到从前那样。他能做的唯有让差役和仵作获得更多的知识，尽可能减少冤假错案。

　　于是宋慈整理了在长汀时着手写的文稿，加入了条令、检验诸内容，想将此书用于指导仵作人员验骨验尸、执政官员救死扶伤。书名《洗冤集录》。

　　常州任期满后，宋慈又转任广西提点刑狱。在任期间，他巡行各部，为百姓申冤，禁绝各种暴力隐患。虽然当地各种毒瘴沼泽遍布，但只要有案件发生，宋慈必亲自前往。

　　因为当地的生存环境恶劣，常有百姓误食毒草毒兽。宋慈结合自己多年的经验，数次用灌姜汁、粪水催吐的方式挽救中毒者的性命，宋慈创造的这种方式与现代医学的"洗胃"有异曲同工之妙。

　　宋慈廉政爱民，执法严明，"独于狱案，审之又审，不敢萌一毫慢易心"，在百姓心目中有很高的地位。

留书！

愿洗尽沉冤

6

　　南宋理宗淳祐七年（公元
1247 年），宋慈升任直秘阁（类
似现在的国家图书馆馆长）、湖
南提点刑狱。这年冬天，宋慈成
功撰成《洗冤集录》。

　　这本书是宋慈依据大宋律法，
参考他这么多年对各种案件现场
和尸体的检验记录，并参考民间
流传的《内恕录》及郑克所写的《折
狱龟鉴》等书，再加上一些经过
多年实践的紧急救死之方、验骨
之术，编撰而成的，供同僚和后
来人参考。

　　宋慈所著的《洗冤集录》共分为五卷，五十三项，涵盖了法医学的主要内容，如现场检查、尸体现象、尸体检查以及各种死、伤的鉴别，同时涉及广泛的生理、解剖、病因、病理、诊断、治疗、药物、内科、外科、妇科、儿科、骨伤和急救等方面的医学知识。

　　《洗冤集录》不仅是宋慈对其大半生法医刑狱工作的经验总结，也是我国第一部系统的法医学著作，更是世界上第一部系统的法医学专著，比欧洲公认最早的法医学著作《医生的报告》早了三百五十五年。

　　如果用现代眼光看《洗冤集录》，可以看到其法医检验方面的论断和现代法医学理论是相吻合的，如暴力致死与非暴力致死、自杀与他杀，死前死后伤、真假损伤、机械性损伤、机械性窒息、高低温致死、雷击、中毒、

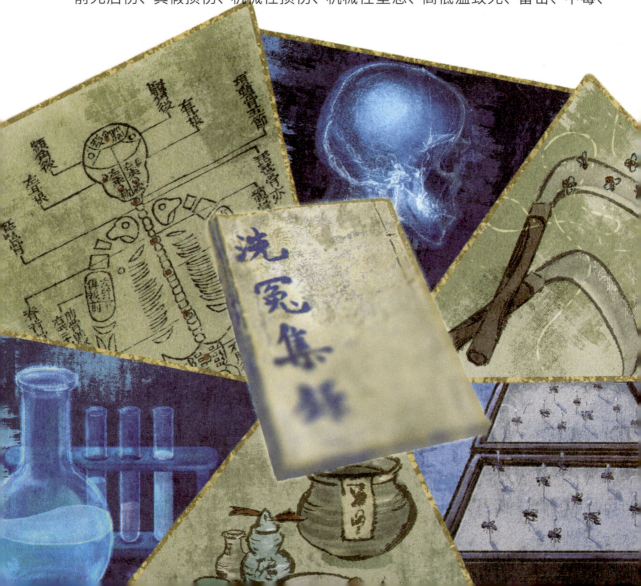

　　猝死，甚至法医昆虫学等方面的论述。这充分显示出宋慈的法医学水平之高超。

　　比如"醋蒸法"：在晴朗的天气，把尸骨洗净，用细麻绳穿好，按次序摆放到竹席之上。挖一个长五尺、宽三尺、深二尺的地窖，用炭火将地窖四壁烧红，然后除去炭火，洒入好酒二升、醋五升，趁着升起的热气，把尸骨放入地窖并盖上草垫，大约一个时辰（两小时）后取出尸骨，放在明亮处并迎着太阳撑开一把红油伞。如果尸骨上有被打断的地方，会看到有红色微荫，就是骨断处两侧的骨头各有晕色出现。再以有痕骨迎着日光验看，如果呈现红色一定是生前被打过，骨上如果没有血荫，即便有损伤也是死后的伤痕。

58

在《洗冤集录》中，宋慈不仅总结了自己多年法医刑狱工作的经验，更是将自己对于法律的尊重和对生命的敬畏清晰地表述了出来，这种高尚的情操是后世所有法医和刑侦人员所必学的。

《洗冤集录》的序中说，"大辟"（斩首）是最重的刑罚，这种刑罚是由犯罪事实决定的，而犯罪事实必须经过详尽的检验才能认定，所以检验的结果往往是关乎生死的。正因如此，对待检验决不能敷衍了事，必须认真负责。

而之前在长汀县，宋慈提出的"遥望而弗亲，掩鼻而不屑""诸尸应验而不验；或受差过两时不发；或不亲临视；或不定要害致死之因；或定而不当，各以违制论"，也在《洗冤集录》中被反复提及。

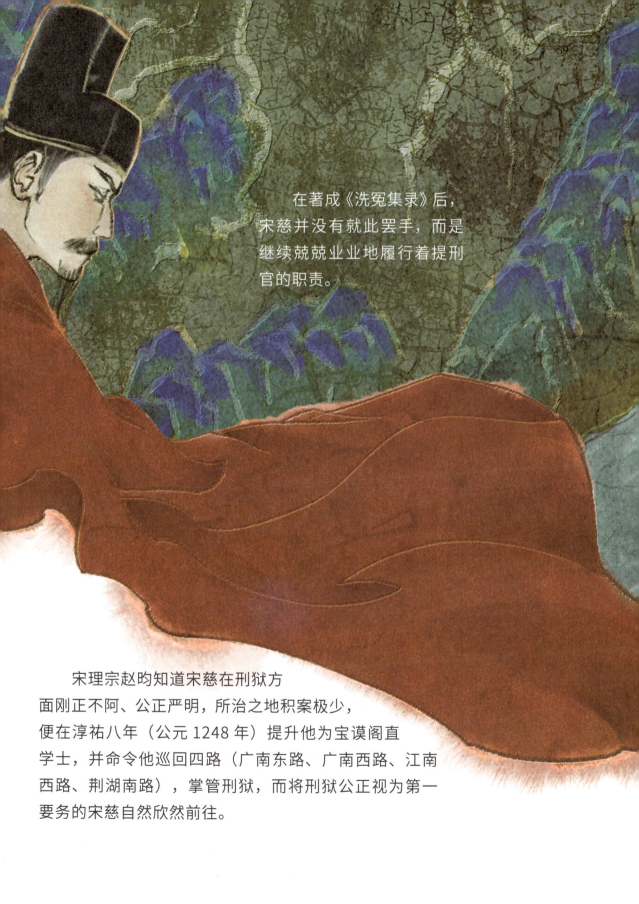

在著成《洗冤集录》后，宋慈并没有就此罢手，而是继续兢兢业业地履行着提刑官的职责。

　　宋理宗赵昀知道宋慈在刑狱方面刚正不阿、公正严明，所治之地积案极少，便在淳祐八年（公元 1248 年）提升他为宝谟阁直学士，并命令他巡回四路（广南东路、广南西路、江南西路、荆湖南路），掌管刑狱，而将刑狱公正视为第一要务的宋慈自然欣然前往。

在巡回四路的过程中，宋慈纠正了不少冤假错案，有一桩诬告案最为典型。

广南东路有两人因买卖发生争吵，并用木棍互殴，但很快被人拉开，各自回家。几天后，其中一人去世。死者亲属便用当地的一种榉树皮敷在死者身上并用火烫，使得伤口看起来像棍伤，以此诬赖死者是被另一人打伤致死的，另一人因此被判入狱，还要赔一大笔钱。

宋慈提审此案并重新验尸。他发现死者伤痕虽呈深黑色，但没有向四周扩散，按压时没有棍伤该有的坚硬感。而且，根据初始情节，另一人当时所用的木棍是扫把棍，尸体上伤痕的大小、长短并不合乎扫把棍的尺寸。

　　宋慈不仅看出死者身上的伤痕是死后造成的，还断定死者是病死的。因为尸体瘦弱，肤色萎黄，口眼闭合，肚腹塌陷，两眼通黄，两拳微握，发髻解脱，身上有针灸留下的痕迹。这些都是因病而死的显著特征。如果死者是因伤而猝死，则会呈现出肌肉僵硬、口鼻有涎沫、面色紫赤等状态。

　　死者家属见识了宋慈神乎其神的验尸手段后，当即跪倒在地供述了实情。最后，宋慈依"诸诬告人者，各反坐"的律条对死者家人进行了判决。

受到惩罚

控告人要按他所诬告之人的罪名

或使有轻罪的人被判重罪

使无罪的人被判有罪

即故意捏造事实控告他人

诸诬告人者各反坐

鹿鸣宴是科举制度中规定的一种宴会。起于唐代，明清沿用，因为宴会上要吟唱《诗经》中的《鹿鸣》篇，因此得名。一般于乡试放榜次日，由州县长官设宴请考官、学官和本地中榜学生聚会饮宴。其宴用少牢（羊、猪两牲）。

南宋理宗淳祐九年（公元 1249 年），宋慈升职为焕章阁直学士、知广州、广东经略安抚使。宋慈上任后，非常重视学校教育和下一代的培养，大力弘扬传统文化，曾在广州学宫亲自带人刻下宋代胡寅所编写的用于少儿启蒙的《叙古千文》。

当年秋天，解试揭榜后，宋慈亲自主持鹿鸣宴，为举子进京参加省试饯行，并在宴会上写诗，与好友李昴英一同唱和，预祝举子们高中得归。

　　宋慈对自己的后代管教甚严，他的大儿子宋国宝、二儿子宋国子虽然没考中进士，但一生与人为善，安分守己。大女儿、二女儿分别嫁给了登仕郎梁新德和将仕郎吴子勤。最有出息的三儿子宋秉孙更是博学多才，考中省元时所写的经义让宋慈的好友李昂英赞叹不已。

　　宋秉孙为官后，先任建宁县知县，后任该郡通判，最后被提拔为朝奉大夫。南宋灭国入元后不再出仕，每天以吟咏自娱，后病逝于家中。

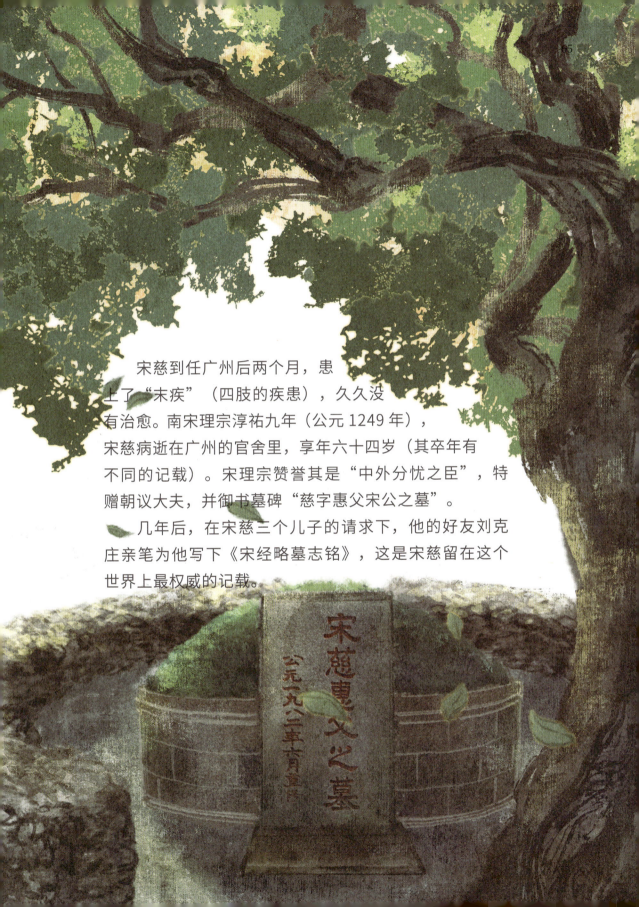

宋慈到任广州后两个月，患上了"末疾"（四肢的疾患），久久没有治愈。南宋理宗淳祐九年（公元1249年），宋慈病逝在广州的官舍里，享年六十四岁（其卒年有不同的记载）。宋理宗赞誉其是"中外分忧之臣"，特赠朝议大夫，并御书墓碑"慈字惠父宋公之墓"。

几年后，在宋慈三个儿子的请求下，他的好友刘克庄亲笔为他写下《宋经略墓志铭》，这是宋慈留在这个世界上最权威的记载。

　　宋慈既然被宋理宗誉为"中外分忧之臣"，他所著的书也传遍全国，那为何《宋史》中没有他的记载呢？对于这个问题，后世大约有三方面的猜测。

　　第一，宋代理学当道，按照理学"视、听、言、动非礼不为"的教条，检验尸体时要遮盖隐秘部位，以免有"妄思""妄动"之嫌。而宋慈出于实际需要，告诫属下官员：不可令人对尸体进行遮蔽，所有孔窍必须细验，看是否插入致命的异物。并特意指出：凡验妇人，不可羞避，应抬到光明平稳处。如果死者是富家使女，还要把尸体抬到大路上进行检验，令众人见，以避嫌疑。如此检验尸体，在当时的理学家看来，是大逆不道的，自然被编修历史的理学官员所排斥。

第二，《宋史》于元顺帝至正三年（公元1343年）三月开始修撰，至正五年（公元1345年）十月匆匆成书。当时元朝已经面临崩溃，因此这部史书编纂得比较草率，书的结构比较混乱，而且采用了以列传为主的编撰方式，自然难免有所遗漏，比如南宋后期率军抵抗蒙古的名将王坚以及很多诗人、爱国将领都没有载入其中。

第三，在古代，很多人认为遗体是不祥的，非常晦气，甚至连仵作也不愿意深入研究，而且受限于儒家思想，对女性遗体的避讳更多。宋慈虽然是大宋提刑官，但他的工作和一般仵作没区别。仵作在当时的地位很低，被士大夫阶层所轻视，在他们的眼中，等同仵作的宋慈是上不得台面的。

但无论什么原因，宋慈这位对整个人类文明作出了巨大贡献的法医学奠基人，未被写进史书，让人感到非常惋惜。

宋慈的故事随着他的去世而结束，但《洗冤集录》的故事还在继续。《洗冤集录》最早的版本，当属南宋淳祐丁未年（公元 1247 年）宋慈在湖南宪治的自刻本，该刻本后来奉旨颁行天下，但当时的刻本均已失传。现存最早的版本是元代的《宋提刑洗冤集录》刻本，此后还有《岱南阁丛书》本，另有从《永乐大典》中辑出的两卷本，清代也有过多种刻本，这些刻本与元代的刻本完全相同。

明朝初年，《洗冤集录》传入当时的朝鲜，成为朝鲜法医检验领域的标准著作。之后经朝鲜传入日本，被日本法医检测领域奉为"圣典"，在短短的十数年间六次再版，影响极大。

清圣祖康熙三十三年（公元 1694 年），国家律例馆曾组织人力修订《洗冤集录》，考证古书多达几十种，定本为《律例馆校正洗冤录》，传阅全国。

鸦片战争后，《洗冤集录》被西方学者翻译介绍到荷、德、法、英四国，影响欧洲。二十世纪五十年代，苏联契利法珂夫教授著的《法医学史及法医检验》一书将宋慈画像刻印在书籍扉页，并尊称他为"法医学奠基人"。

《洗冤集录》自问世以来，成为当时和后世刑狱官案头必备的参考书，几乎被奉为"金科玉律"，其权威性甚至超过朝廷颁布的有关法律。此书先后被译成朝、日、法、英、荷、德、俄等多种文字，影响非常深远，在中外医药学史、法医学史、科技史上都留下了光辉的一页。

本丛书其他分册同样精彩，敬请阅读！